BEI GRIN MACHT SICH IHR WISSEN BEZAHLT

- Wir veröffentlichen Ihre Hausarbeit, Bachelor- und Masterarbeit

- Ihr eigenes eBook und Buch - weltweit in allen wichtigen Shops

- Verdienen Sie an jedem Verkauf

Jetzt bei www.GRIN.com hochladen und kostenlos publizieren

Marketingplanung für ein Fitnessstudio im Discount-Segment

Tobias Kraatz

Bibliografische Information der Deutschen Nationalbibliothek:

Die Deutsche Nationalbibliothek verzeichnet diese Publikation in der Deutschen Nationalbibliografie; detaillierte bibliografische Daten sind im Internet über http://dnb.d-nb.de abrufbar.

ISBN: 9783346569301
Dieses Buch ist auch als E-Book erhältlich.

Druck und Bindung: Books on Demand GmbH, Norderstedt Germany
Gedruckt auf säurefreiem Papier aus verantwortungsvollen Quellen

Das vorliegende Werk wurde sorgfältig erarbeitet. Dennoch übernehmen Autoren und Verlag für die Richtigkeit von Angaben, Hinweisen, Links und Ratschlägen sowie eventuelle Druckfehler keine Haftung.

Das Buch bei GRIN: https://www.grin.com/document/1164952

Deutsche Hochschule für
Prävention und Gesundheitsmanagement
Hermann Neuberger Sportschule 3
66123 Saarbrücken

Hausarbeit (kollektive Prüfungsleistung)

Name, Vorname	Kraatz, Tobias
Modul	Marketing I
Studiengang	Bachelor of Arts Sportökonomie
Datum Präsenzphase	05.11.18 bis 07.11.18
Studienort	München
Gruppe bzw. zu bearbeitende Stadt	Leipzig
Unternehmenstyp*	**Fitnessstudio im Discount-Segment**

* abhängig von Aufgabenstellung: jeweils den zu bearbeitenden „Unternehmenstyp" eintragen

Inhaltsverzeichnis

1 Marktbeschreibung/ -analyse

1.1 Allgemeine Informationen über den Unternehmertyp

Am Anfang der Marktanalyse wird die Hauptzielgruppe bestimmt. Das Discount-Studio will - mit einem niedrigen monatlichen Mitgliedsbeitrag - einen möglichst hohen Bevölkerungsteil ansprechen. Demnach bilden, sowohl männliche als auch weibliche Personen, im Alter zwischen 16 und 60 Jahren, mit einem tendenziell niedrigen Einkommen, die Zielgruppe des Studios. Um sich von den Konkurrenzanbietern in der Umgebung abzugrenzen, bietet das Studio seinen Mitgliedern ein überdurchschnittlich gutes Preis-Leistungs-Verhältnis (siehe Tabelle 2).

Außerdem wird das Unternehmen, im Vergleich zu den Mitbewerbern, eine starke „Social Media"-Präsenz besitzen. Auf den sozialen Netzwerken Facebook und Instagram wird ein Unternehmensprofil erstellt, welches von den Mitarbeitern professionell geführt und regelmäßig aktualisiert wird. Es werden Bilder, Videos und Informationen hochgeladen.

Wöchentlich wird ein Challenge-Video gepostet, bei dem die Mitglieder eine spezielle Übung nachmachen und auf ihrem Profil posten sollen. Danach wird jeweils ein Gewinner ermittelt, der als Preis einen kostenlosen Mitgliedsmonat erhält. Dadurch soll die Kundenbindung vor allem bei den jüngeren Mitgliedern gesteigert werden.

Doch nicht nur im Internet haben die Mitglieder die Möglichkeit, an Challenges teilzunehmen. Auch vor Ort im Studio können sich die Studiomitglieder an wöchentlichen Aufgaben versuchen. Auf dem „Challenge-Board" werden die jeweiligen Übungen zu sehen sein. Wer am Ende der Woche unter dem Top 3 gelistet ist, kann sich auf einen kleinen Preis (zum Beispiel kostenlose Proteindrinks) freuen.

In der nachfolgenden Tabelle wird nun die Produkt- und Distributionspolitik des Studios übersichtlich dargestellt.

Tabelle 1: Produkt- und Distributionspolitik (eigene Darstellung)

Bestandteile	Details
Produktpolitik	- Fläche: ca. 2500m² - Ausgestattet mit: Gym80, Hammer Strength und Eleiko - Seperater Kurz-, Langhantel- und Cardiobereich - Vielfältiger Kursplan (Indoor Cycling, Zumba, TRX, Yoga, Bodystyling, uvm.) - 2 seperate Kursräume - Großer Eingangsbereich mit Sitz- und Stehmöglichkeiten - Freier WLAN-Zugang für alle Mitglieder - Tiefgarage mit Parkmöglichkeiten
Distributionspolitik	Direkter Absatz: - Vor Ort (Angebote werden in Tabelle 2 detailliert beschrieben) Indirekter Absatz: - Kooperationspartner wie z.B. Urban Sports Club - Grouponangebote bei speziellen Kampagnen

Das Fitnessstudio soll seinen Mitgliedern für Discounter-Preise eine überdurchschnittlich hohe Vielfalt vor Ort bieten. In der zweiten Tabelle wird die Preispolitik des Studios übersichtlich dargestellt.

Tabelle 2: Preispolitik (eigene Darstellung)

Merkmale	Basis-Mitgliedschaft	Premium-Mitgliedschaft
Beitrag	19,90€ monatlich	29,90€ monatlich
Vertragslaufzeit	12 Monate	12 Monate
Kündigungsfrist	6 Wochen	6 Wochen
Anmeldegebühr (einmalig)	19,90€	19,90€
Gruppenkurse	Nur Bauch- und TRX-Kurs	Komplettes Kursangebot
Getränkebar	-	Inklusive
Duschbereich	Inklusive	Inklusive
Trainingsplanung	1x halbjährlich	1x vierteljährlich
Zusätzliche Angebote		
Körperanalyse	14,90€ pro Termin (Messung, Auswertung, Beurteilung)	
Personaltraining	60€ pro Termin (eine Stunde), inkl. Ernährungsberatung	
Sonstige Angebote		
Tageskarte	15€ (alle Leistungen inkl.)	
10er-Karte	125€ (alle Leistungen inkl.)	
Monatskarte	70€ (alle Leistungen inkl.)	
Eiweißshakes	Klein(0,3l): 1,80€, Groß(0,5l): 2,50€	

1.2 Lage und Standort des Unternehmes

Das Fitnessstudio wird sich in der Paul-Gruner-Straße 24 im Stadtbezirk Zentrum-Süd in Leipzig befinden (Postleitzahl: 04107 Leipzig). Durch die gute Verkehrsanbindung und Infrastruktur kann man das Studio sowohl zu Fuß, als auch mit der S-Bahn, der Tram oder dem Auto erreichen. In der näheren Umgebung befindet sich der Bayerische Bahnhof, welchen man mit den S-Bahn Linien S1 bis S6 erreichen kann. Von der genannten S-Bahn-Haltestelle und von den Tram-Stationen (Hohe Straße, Körnerstraße) erreicht man das Studio in wenigen Gehminuten zu Fuß. Vort Ort kann zudem eine vorhandene Tiefgarage, mit genügend Parkmöglichkeiten für die Mitglieder, kostenfrei genutzt werden. Außerdem liegen im Umkreis des Studios einige Hotels wie z.B. das Hotel Michaels oder das Hotel Marktgraf, durch die kontinuierlich neue Interessenten zum Trainieren vorbeikommen. Um diesen Prozess zu fördern, können die Hotelbesucher im Studio eine ermäßigte Tages- und Monatskarte erwerben. Ein weiterer Vorteil des Standorts ist die östlich gelegene Universität Leipzig. Die Studenten/-innen werden als potentielle Neukunden gesehen und vertreten die festgelegte Zielgruppe. Die Bevölkerungszahl in den umliegenden Stadtbezirken (Zentrum-Süd, Zentrum-Südost, Südvorstadt und Reudnitz-Thonberg) lag Ende 2017 bei ca. 74.524 Einwohnern (Stadt Leipzig, 2017; zitiert nach Ordnungsamt Leipzig, 2018). Aufgrund der großen Einwohnerzahl und den oben genannten Faktoren ist der Standort ideal für die Eröffnung des Studios.

1.3 Bestimmung von zwei Marktgebieten

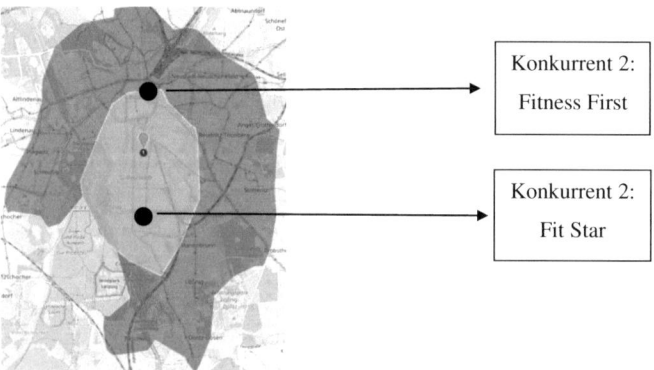

Abbildung 1: Marktgebietdarstellung für das Fitnessstudio im Discount-Segment (OpenRoute-Service, 2018)

Die abgebildeten Marktgebiete wurden mit dem OpenRouteService-System festgelegt. Bei der Ermittlung der beiden Gebiete wurde die Zeit-Distanz-Methode verwendet. Marktgebiet 1 ist grün gekennzeichnet und spiegelt eine Anfahrtszeit von maximal 5 min wieder. Das zweite Marktgebiet, welches durch die Farbe rot repräsentiert wird, stellt ein Zeitintervall von bis zu 10 Minuten dar. Die maximale Durchschnittsgeschwindigkeit wurde auf 40 km/h festgelegt.

1.4 Makroumfeldanalsyse und Abschätzung des Marktpotentials

Die Kaufkraft der Stadt Leipzig liegt 2018 bei 20.132€ pro Person. Das entspricht einem Kaufkraftindex von 86,3 (Michael Bauer Research GmbH, 2018, S.8). Der Durchnittswert in Deutschland beträgt 100. Somit liegt Leipzig unter dem deutschen Durchschnitt.

In Leipzig waren im Oktober 2018 19.100 Arbeitslose gemeldet. Das entspricht einer Arbeitslosenquote von rund 6,20% (Bundesagentur für Arbeit, 2018). Wenn man diese Zahlen mit den Vorjahresdaten vergleicht, wird ersichtlich, dass die Arbeitslosenquote um ein Prozent zurückgegangen ist. Demnach haben inzwischen 2.376 Personen, die im Vorjahr noch arbeitslos waren, einen Arbeitsplatz. Es wird eine positive Entwicklung festgestellt.

In Tabelle 3 wird nun die Altersverteilung der Stadt Leipzig präsentiert. Dabei wird vor allem die - in Teilaufgabe 1.2 festgelegte - Altersspanne betrachtet.

Tabelle 3: Altersverteilung der Stadt Leipzig (Stadt Leipzig, 2017; zitiert nach Ordnungdsamt Leipzig, 2017)

Altersverteilung der Stadt Leipzig	Alter	Anzahl
	Unter 18	92.366
	18 bis unter 25	48.732
	25 bis unter 30	55.193
	30 bis unter 35	56.015
	35 bis unter 40	46.615
	40 bis unter 45	33.373
	45 bis unter 50	35.237
	50 bis unter 55	37.635
	55 bis unter 60	34.322
	Gesamtbevölkerung	**439.608**

Im Anschluss an die Makroumfeldanalyse wird nun im nächsten Schritt das Marktpotential kalkuliert. Bei dem ersten Schritt wird die Gesamteinwohnerzahl der beiden Marktgebiete mithilfe der einzelnen Stadtbezirke berechnet.

Tabelle 4: Einwohnerzahl im Marktgebiet 1 (Stadt Leipzig, 2017; zitiert nach Ordnungsamt Leipzig, 2018)

	Bezirk	Einwohnerzahl (gesamt)	Anteil in %	Einwohnerzahl (berechnet)
Marktgebiet 1	Zentrum	1.810	70	1.267
	Zentrum-Ost	4.642	10	464
	Zentrum-Südost	14.061	85	11.952
	Zentrum-Süd	13.193	100	13.193
	Zentrum-West	10.948	20	2.190
	Südvorstadt	25.417	100	25.417
	Connnewitz	18.769	100	18.769
Gesamtanzahl				73.252

Im Anschluss an die Berechnung der Gesamteinwohnerzahl in Marktgebiet 1, folgt nun die Kalkulation für Marktgebiet 2.

Tabelle 5: Einwohnerzahl im Marktgebiet 2 (Stadt Leipzig, 2017; zitiert nach Ordnungsamt Leipzig, 2018)

	Bezirk	Einwohnerzahl (gesamt)	Anteil in %	Einwohnerzahl (berechnet)
Marktgebiet 2	Zentrum	1.810	30	543
	Zentrum-Nord	9.187	100	9.187
	Zentrum-Nordwest	10.688	100	10.688
	Zentrum-Ost	4.642	90	4.178
	Zentrum-Südost	14.061	15	2.109
	Zentrum-West	10.948	80	8.758
	Neustadt-Neuschönefeld	12.687	80	10.150
	Anger-Crottendorf	11.781	20	2.356
	Reudnitz-Thonberg	21.853	100	21.853
	Stötteritz	16.974	20	3.395
	Marienbrunn	6.179	100	6.179
	Lößnig	11.052	100	11.052
	Döllitz-Dösen	4.697	20	929
	West	53.070	10	5.307
Gesamtanzahl				96.684

Nun werden die beiden Einwohnerzahlen zur Marktpotentialberechnung verwendet. Dabei wird Marktgebiet 2 mit einem Faktor von 70% gewichtet. Die Anzahl wird anschließend mit einem Marktpotential von 12% berechnet.

Marktgebiet 1:   73.252 Einwohner

Marktgebiet 2:   96.684 Einwohner x 0,70 = 67.679 Einwohner

Marktgebiet 1 und 2: 140.931 Einwohner

Marktpotential: 140.931 Einwohner x 0,12 = 16.912 Einwohner

Das errechnete Marktpotential beträgt **16.912 Einwohner**.

1.5 Wettbewerbsanalyse

Im nächsten Schritt der Marktanalyse werden die beiden stärksten Mitbewerber betrachtet. Ein Mitbewerber ist die FIT STAR Holding GmbH & Co. KG. Hinter dem Namen steht eine Fitnesskette im Discount-Segment, welche seit der Eröffnung des ersten Studios 2007 in München, einen stetigen Wachstum verzeichnet. Inzwischen gibt es 16 Studios in 9 Städten Europas. Das Leipziger Studio, welches im Januar diesen Jahres eröffnet wurde, ist vor allem für die faire Preispolitik (Basic-Paket: 18,80€ monatlich) und die durchgehenden Öffnungszeiten bekannt. Das Unternehmen lockt mit Werten wie Freundlichkeit, Sauberkeit, Qualität bzw. Kompetenz und kann mit dieser Strategie immer mehr Kunden an sich binden.

Der zweite Mitbewerber ist die - im Jahr 1990 gegründete - Fitness First Germany GmbH. Das Unternehmen besitzt grundsätzlich einen ähnlichen Werteansatz, allerdings stehen vor allem das Wohlbefinden und die individuellen (Trainings-)Ziele der Mitglieder im Mittelpunkt. Das Fitnessstudio kann zwar nicht mit seinen Tarifen punkten (Mitgliedsbeitrag von mindestens 50€ monatlich), bietet seinen Kunden dafür allerdings ein vielseitiges Trainings- bzw. Kursangebot und eine individuelle Trainingsplanung. In der nachfolgenden Tabelle werden die Studios mit dem geplanten Unternehmen verglichen. Der Vergleich wird in Form der jeweiligen Stärken und Schwächen dargestellt.

Tabelle 6: Analyse und Gegenüberstellung zweier Wettbewerber im ersten Marktgebiet (eigene Darstellung)

Unternehmen	FIT STAR Holding GmbH & Co. KG	Fitness First Germany GmbH
Standort	Karl-Liebknecht-Straße 143, 04277 Leipzig	Petersstraße 15, 04109 Leipzig
Stärken	- Durchgehend geöffnet (24 Stunden an 365 Tagen) - 16 Standorte in 9 Ländern	- vielfältiges Trainings- und Kursangebot (Freestyle-, Outdoortraining, Zumba, ..) - individuelle Trainingsberatung (Personal Training)
Schwächen	- Keine individuelle Trainings- und Ernährungsberatung - Kaum Unterstützung vor Ort wegen dem großen Zulauf an Kunden / Interessenten	- Mitgliedsbeitrag: 55€ (Preis variabel, bis zu 85€) - Informations- bzw. Angebotsüberflutung der Intetressenten

2 Marketingplanung

2.1 Budgetplanung

Für das erste Geschäftsjahr wird nun das Jahrenmarketingbudget berechnet. Als Rechenweg wird die „Marketingkosten pro Neukunde"-Methode gewählt. Die Fluktuationsqutoe wird aufgrund der Unternehmensneugründung vernachlässigt. Aufgrund der vorgegebenen Erfahrungswerte des Unternehmens wird mit Marketingkosten von 25€ pro Neukunde und einer geplanten Mitgliederzahl von 2.000 Mitgliedern kalkuliert:

25€ x 2.000 Mitglieder = 50.000€
Demnach beträgt das Jahresmarketingbudget für das Studio **50.000€**.

2.2 Kommunikationspolitik

Vor der eigentlichen Eröffnung des Fitnessstudios am Montag, den 01.04.2019, wird eine Marketingkampagne durchgeführt. Diese startet am 01.02.2019, also exakt zwei Monate vor der Neueröffnung. Hauptziel der Kampagne wird es sein, bis zur Eröffnung eine Mindestanzahl von 500 Neumitgliedern zu generieren.

Um dies zu gewährleisten werden drei Instrumente der Kommunikationspolitik als Unterstützung verwendet. Das erste Instrument ist die Werbung. Sie soll Informationen vermitteln und den Kunden anregen, das Produkt bzw. die Mitgliedschaft zu kaufen (vgl. Bruhn, 2014, S.300). Plakate, Flyer und Social Media werden als Werbemittel genutzt. Des Weiteren wird im Rahmen der Eröffnung ein spezielles Angebot vorbereitet, um den Verkauf an Mitgliedschaften zu fördern. Das beschriebene Instrument, die Verkaufsförderung, ist die Analyse, Planung, Durchführung und Kontrolle meist zeitlich begrenzter Aktionen mit dem Ziel, auf nachgelagerten Vertriebsstufen durch zusätzliche Kommunikationsziele einer Unternehmung zu erreichen (Fuchs, 2001, S.165; zitiert nach Bruhn, 2001, S.229). Die genaue Aktionsbeschreibung wird in der nachfolgenden Tabelle detailliert beschrieben. Als letztes Kommunikationsinstrument wird das Social-Media Marketing ausgewählt. Dabei sollen die internen Inhalte, Produkte und angebotenen Dienstleistungen des Studios in den sozialen Netzwerken bekannt gemacht werden (vgl. Weinberg, 2012, S. 8). Dadurch sollen vor allem potentielle Kunden der jungen Generation von dem Fitnessstudio und seinen Angeboten erfahren. Um das zu erreichen, wird bei Facebook und Instagram ein unternehmensinternes Benutzerkonto erstellt, welches Interessenten stetig mit neuen Informationen versorgt.

Tabelle 7: Aktionsplanung der Kampagne (eigene Darstellung)

Aktionstitel	„Time to get fit"
Aktionszeitraum	01.02.2019 bis 01.04.2019

Aktionsbeschreibung	Für alle Neukunden im Aktionszeitraum:
	- Anmeldegebühr von 19,90€ entfällt
	- Monatlicher Preisnachlas von 10€ für die ersten 3 Monate der Mitgliedschaft
	  ➢ Basic-Paket: 9,90€ anstatt 19,90€
	  ➢ Premium-Paket: 19,90€ anstatt 29,90€
	- Monatskarte für 55€ anstatt 70€
	  Zusatz: Beginnt automatisch am Tag der Eröffnung
	- 10er-Karte für 110€ anstatt 125€
	  Zusatz: Gültigkeit von maximal 6 Monaten

Tabelle 8: Zeitlicher Ablauf der Kampagne (eigene Darstellung)

Datum	Planung	Zeitraum	Verantworlich
01.02.2019	Teambesprechung: Ausarbeitung der Aktion und Aufgabenverteilung	01.02.2019	Komplettes Unternehmen
04.02.2019	Erstellung einer Facebook- und Instagramseite	04.02.2019	Social-Media Abteilung
04.02.2019	Versenden von Angebotsanfragen bezüglich einer professionell gestalteten Website und Social-Media-Werbung	04.02.2019 bis 18.02.2019	Social-Media Abteilung
04.02.2019	Erstellung des Designs für Flyer und Plakate	04.02.2019 bis 18.02.2019	Marketing Abteilung
18.02.2019	Zweite Teambesprechung: Zusammentragen der bisher geleisteten Arbeit; Preisabsprache mit dem Inhaber (Website, Werbung)	18.02.2019	Komplettes Unternehmen
18.02.2019	Versenden von Informationen, Dokumenten und Bildern an das externe Unternehmen, welches die Website erstellt	18.02.2019 bis 25.02.2019	Social-Media Abteilung
18.02.2019	Versenden des Flyer- und Plakatdesigns Einholen der Promotionserlaubnis vor lokalen Supermärkten, sowie Aushängeorte für Plakate	18.02.2019 bis 25.02.2019	Marketing Abteilung
25.02.2019	Erstellung der Website	25.02.2019	Externes Unternehmen
25.02.2019	Druck der Flyer und Plakate inkl. Versand	25.02.2019 bis 01.03.2019	Externes Unternehmen
04.03.2019	Drittes Teammeeting: Update und weitere Planung	04.03.2019	Inhaber und Abteilungsleiter
04.03.2019	Schaltung von Social-Media Werbung (Facebook und Instagram)	04.03.2019 bis 18.03.2019	Externes Unternehmen in Absprache mit der Social-Media Abteilung
04.03.2019	Verteilung der Flyer, Aushang der Plakate an gemieteten Litfaßsäulen und Großwerbeflächen	04.03.2019 bis 25.03.2019	Externes Unternehmen
11.03.2019	Promotion und Werbestände vor lokalen Supermärkten (kostenfrei durch Kooperation)	11.03.2019 bis 15.03.2019	Studiopersonal
18.03.2019	Verteilung der restlichen Flyer; Letzte Vorbereitungen vor der Eröffnung	18.03.2019 bis 31.03.2019	Komplettes Unternehmen
01.04.2019	Eröffnung	01.04.2019	Komplettes Unternehmen

Erfolgskontrolle:
- Anzahl der Gründungsmitglieder
- Anzahl an verkauften Monats- und 10er-karten
- Reichweite der Werbung
- Anzahl an Aufrufen, Klicks, Likes und Kommentaren (Social Media)
- Direkter Mitgliederdialog (Bewertung der Kampagne)

2.3 Werbeplanung

Im Rahmen der Werbeplanung für die Kampagne wurden drei unterschiedliche Werbemittel ausgewählt. Die nachfolgende Tabelle liefert eine detaillierte Übersicht der Werbemittel und Werbeträger mit einer anschließenden Begründung der Auswahl.

Tabelle 9: Werbemittel und Werbeträger (eigene Darstellung)

Werbemittel	Plakat	Flyer	Social Media
Werbeträger	- Großflächen - Schaufenster - Litfaßsäulen	- Mitarbeiter - Zielgruppe	- Internet - Facebook - Instagram - Website
Begründung	- Große Wikung (mit spezifischen Layout) - Große Reichweite - Individuelle Standort-Auswahl	- Große Reichweite mit hoher Streu-wirkung - Günstiges Werbemittel - Klein & handlich	- positive Wirkung auf die junge Generation - Image steigern - gute und simple Erfolgskontrolle

2.4 Kostenkalkulation/Budgetvergleich

Für das erste Geschäftsjahr stehen dem Unternehmen 50.000€ an Marketingbudget zur
Verfügung. Davon sollen 20% für die geplanten Werbemaßnahmen verwendet werden.

Werbebudget: 50.000€ x 0,20 = 10.000€

Somit beträgt das verfügbare Werbebudget **10.000€.**
Die nachfolgende Tabelle zeigt die genaue Kostenkalkulation der Kampagne anhand der
drei Werbemittel.

Tabelle 10: Kostenkalkulation der Werbekampagne (eigene Darstellung)

Werbemittel	Details	Kosten	Gesamtkosten
Plakatierung	Druck von 6 Großflächenplakaten	241,55€	2.663,48€
	Mieten von 4 Litfaßsäulen für 3 Wochen (Marktgebiet 1)	1.488,90€	
	Mieten von 2 Großwerbeflächen für 3 Wochen (Marktgebiet 1)	933,03€	
Flyer	10.000 Stück (170g Recyclingpapier, Rechteck, 13,2cm x 15,2 cm)	136,92€	1.024,92€
	Verteilung der Flyer (8.000 Stück) Alle Haushalte, Kerngebiet A	888,00€	
Social Media	Website	1.790,00€	3.190,00€
	Facebook Ads für 14 Tage Tagesbudget: 50€	700,00€	
	Instagram Ads für 14 Tage Tagesbudget: 50€	700,00€	
Gesamtkosten			**6.878,40€**

Von dem festgelegten Jahresmarketingbudget bleiben nach der Neueröffnung und „Time to get fit"-Aktion noch 3.121,60€ übrig. Mit diesem Betrag werden, zu einem späteren Zeitpunkt, weitere Aktionen durchgeführt. Im Anschluss an die Neueröffnung wird eine Erfolgskontrolle durchgeführt, um Optimierungsmöglichkeiten für zukünftige Marketingaktionen abzuleiten.

Demnach wird für die Flyer zukünftig normales Papier, anstatt Recyclingpapier, verwendet. Bei einer gleichbleibenden Stückzahl kostet die Bestellung lediglich 92,72€ (32% günstiger). Eine weitere Optimierungsmöglichkeit bietet die Verteilung der Flyer. Im Vorfeld der Eröffnung wurde ein externes Unternehmen beauftragt, die Flyer an die Haushalte zu verteilen. Man kann die Stückanzahl der Bestellung verringern und dem eigenen Personal während der Arbeitszeit auftragen, die Flyer in direkter Umgebung (Anfahrtsweg: maximal 3 Minuten) zu verteilen. Dementsprechend wird ein weiterer Kostenfaktor verrringert.

2.5 Synergieeffekte im Rahmen der Kommunikationspolitik

Auch wenn das Fitnessstudio im Discount-Segment im Vergleich zu den anderen Studios der Unternehmensgruppe wesentlich billiger ist, können durch einen Zusammenschluss unterschiedliche Synergieeffekte entstehen. In erster Linie können Vertriebswege gemeinschafttlich genutzt werden, um Kosten und Ressoucen zu sparen. Durch gemeinsame Bestellungen (Flyer, Nahrungsergänzungsmittel, etc.) werden somit die Werbe- und Einkaufskosten reduziert. Außerdem können die unterschiedlichen Studios auf direktem Weg miteinander kooperieren. Zukünftige Kampagnen werden zusammen geplant und durchgeführt. Das stärkt das zentrale Image der Unternehmergruppe und sorgt für einen besseren Zusammenhalt zwischen den einzelnen Studios. Ein Flyertausch innerhalb der Studios oder das gegenseitige Verlinken auf der jeweiligen Website könnte dazu führen, dass neue Kunden gewonnen oder nach Zielgruppen erschlossen werden. Letztlich können durch effizientes Zusammenarbeiten Informationen wie zum Beispiel Marktanalysen, Statisiken und Daten einheitlich zusammengefasst und ausgewertet werden. Den Studios bietet sich dadruch die Möglichkeit, Vorgehensweisen und Strategien zu optimieren, um den Umatz bzw. die Kundengewinnung zu steigern.

3 Abschlussstatement

Aufgrund der unterschiedlichen Markanalysen der Unternehmenstypen wird das Potential der Stadt Leipzig ersichtlich. Demographische Faktoren, wie zum Beispiel die Geburtenrate, steigen Jährlich an und soziale Parameter, wie die Arbeitslosenquote, sinken kontinuierlich. Dazu kommt, dass die Kaufkraft pro Kopf steigt. Zusammenfassend lässt sich sagen: Die Wirtchaft in Leipig wächst. Hinzu kommt eine gute Infrastruktur mit genügend S-Bahn- und U-Bahn-Anbindungen. Dadurch können Mitglieder die Studios der Unternehmergruppe mit einem deutlich geringeren Zeitaufwand erreichen.

Jedoch birgt die Stadt Leipzig auch einige Risiken. Trotz des steigenden Kaufkraftindexes liegt dieser immer noch unter dem Landesdurchschnitt. Demnach empfinden viele Privatpersonen den Mitgliedsbeitrag von dem EMS-Studio oder dem Mikrostudio als zu teuer. Bessere Chancen hingegen haben das Fitness-Studio im Discount-Bereich und der Sportverein, da der Mitgliedsbeitrag deutlich geringer ist. Allerdings müssen beide Unternehmestypen deutlich mehr Mitglieder besitzen und sich gleichzeitig gegen mehr Mitbewerber durchsetzen.

Das Damenstudio bewegt sich mit dem Monatsbeitrag im mittleren Preisegment und spricht dadurch, im Vergleich zu den Studios im Premium-Segment, mehr weibliche Privatpersonen an. Allerdings ist dort die Zielgruppe sehr stark eingeschränkt.

Abschließend kann man sagen, dass das Discount-Studio und der Sportverein womöglich das höchste Erfolgspotential besitzen, da der Mitgliedsbeitrag am Geringsten ist. Die anderen drei Unternehmenstypen bei der Kundenakquirierung die meisten Probleme haben

4 Literaturverzeichnis

Bruhn, M. (2014). *Kommunikationspolitik. Systematischer Einsatz der Kommunikation für Unternehmen* (8. Auflage). München: Verlag Vahlen.

Bundesagentur für Arbeit. (2018). *Arbeitsmarkt im Überblick – Berichtsmonat Oktober 2018 – Leipzig, Agentur für Arbeit.* Zugriff am 24.11.2018. Verfügbar unter: https://statistik.arbeitsagentur.de/Navigation/Statistik/Statistik-nach-Regionen/BA-Gebietsstruktur/Sachsen/Leipzig-Nav.html

Fuchs A. (2001). *Zielgruppenmarketing für Finanzdienstleister. Mit System erfolgreich verkaufen.* Wiesbaden: Gabler Verlag.

Michael Bauer Research GmbH. (2018). *Kaufkraft 2018 in Deutschland – Kreise und kreisfreie Städte.* Zugriff am 24.11.2018. Verfügbar unter: http://www.mb-research.de/_download/MBR-Kaufkraft-Kreise.pdf

Openrouteservice. (2018). *Openrouteservice* [Routenplanersoftware]. Zugriff am 10.12.2018. Verfügbar unter: https://maps.openrouteservice.org/reach?n1=51.320045&n2=12.376699&n3=13&a= 51.328109,12.377362&b=0&i=0&j1=10&j2=5&d=40&k1=en-US&k2=km

Stadt Leipzig. (2018). *Bevölkerungsbestand – Einwohner: insgesamt.* Zugriff am 24.11.2018. Verfügbar unter: https://statistik.leipzig.de/statdist/table.aspx?cat=2&rub=1

Stadt Leipzig. (2018). *Bevölkerungsbestand – Einwohner nach Altersgruppen und Al-terskennziffern.* Zugriff am 24.11.2018. Verfügbar unter: https://statistik.leipzig.de/statcity/table.aspx?cat=2&rub=2

Weinberg, T. (2012). *Social Media Marketing. Strategien für Twitter, Facebook & Co* (3. Auflage). Köln: O'Reilly Verlag.

5 Abbildungs- und Tabellenverzeichnis

5.1 Abbildungsverzeichnis

5.2 Tabellenverzeichnis